Vida en las colonias

Emily R. Smith, M. A. Ed.

Índice

Fundación del Nuevo Mundo

Nuevo Hampshire

Parte de Massachusetts

Massachusetts

Boston
Plymouth

Nueva York

Rhode Island
Connecticut

Ciudad de Nueva York

ensilvania

Filadelfia

Nueva Jersey

Delaware

Maryland

Virginia

Jamestown

Carolina del Norte

Carolina del Sur

Charlestown

Georgia

Las trece colonias originales

Colonias de Nueva Inglaterra

Colonias centrales

Colonias del Sur

América del Norte colonial es el período de 1607 a 1776. En 1607, se **fundó** el primer **asentamiento** inglés. En 1776, se firmó la Declaración de Independencia. Esto liberó a las colonias del dominio de Gran Bretaña.

Había 13 colonias inglesas en el Nuevo Mundo. Estas colonias estaban agrupadas en tres regiones. Las colonias de cada región tenían similitudes que las mantenían unidas.

Los colonos llegan al ▶ Nuevo Mundo.

Las nuevas colonias de Nueva Inglaterra

Nueva Inglaterra comenzó como una colonia grande. Dos grupos religiosos diferentes se asentaron allí. En 1620, los peregrinos llegaron desde Inglaterra a bordo del *Mayflower*. Comenzaron una colonia en la bahía de Plymouth. Les siguieron los puritanos en 1629. Comenzaron la exitosa colonia de la Bahía de Massachusetts.

Los peregrinos tenían una **carta real** que les prometía tierras en Virginia. Durante el viaje, su barco se desvió del curso.

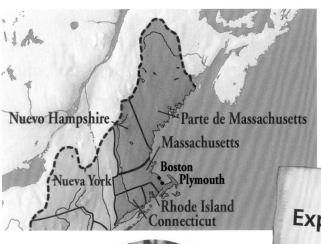

◀ Colonias de Nueva Inglaterra: Nuevo Hampshire, Massachusetts, Connecticut y Rhode Island

Roger Williams

Expulsado de Massachusetts

Roger Williams creía que debía haber una separación entre la iglesia y el gobierno. Sus creencias le causaron problemas con los puritanos. Escapó de Massachusetts antes de que las autoridades de la colonia pudieran enviarlo de regreso a Inglaterra. Fundó la colonia de Rhode Island. Allí, las personas tenían más libertad religiosa.

Squanto

Un indígena wampanoag llamado Squanto salvó a los peregrinos. Había sido secuestrado cuando era joven. Aprendió inglés en el tiempo que duró su esclavitud. Entonces, pudo enseñarles a los peregrinos cómo cultivar y vivir de la tierra.

Desafortunadamente, no estaban preparados para la vida en el Norte. Llegaron justo antes del invierno. No había suficiente comida. No sabían cómo plantar cultivos que prosperaran en el suelo rocoso. La mitad de los colonos murió durante el primer invierno.

Los puritanos recibieron una carta real que les prometía tierras al norte de Plymouth. A diferencia de los peregrinos, los puritanos llegaron con mucha comida. Estaban preparados y les fue bien el primer invierno.

Poco después, muchos abandonaron Massachusetts para fundar nuevas colonias. En 1636, grupos pequeños se trasladaron hacia el valle del río Connecticut. Allí encontraron buenas tierras para cultivo y muchos animales para el comercio de pieles. Roger Williams, un ministro puritano, fundó la colonia de Rhode Island. Para 1679, los colonos de Nuevo Hampshire se separaron de Massachusetts para formar una nueva colonia.

▲ Los peregrinos firman el Pacto de Mayflower.

La religión puritana y el gobierno

Los puritanos querían simplificar la Iglesia de Inglaterra. Creían que la religión no necesitaba ceremonias sofisticadas. Los puritanos pensaban que los miembros de la iglesia debían ser todos iguales.

Una vez que los puritanos estaban viviendo en la nueva colonia, establecieron su propia iglesia. Establecieron reglas estrictas que debían obedecer todos los miembros de la colonia. Todos en Massachusetts, ya sea que fueran puritanos o no, debían seguir las reglas de la iglesia.

Pacto de Mayflower

El 11 de noviembre de 1620, los peregrinos que desembarcaron en Plymouth firmaron el Pacto de Mayflower. Fue el primer conjunto de leyes de Nueva Inglaterra. Establecía que todos los miembros de la colonia debían aceptar la regla de la mayoría. El documento también establecía que las leyes debían ser justas para todos. Definió la forma en que debía funcionar la nueva colonia.

Diálogo con Dios

Una mujer llamada Anne Hutchinson tuvo problemas con los líderes puritanos. Creía que todas las personas tenían derecho a hablar directamente con Dios. Anne mantenía reuniones secretas de oración semanales en su casa. Cuando se descubrieron las reuniones, le dijeron que tenía que abandonar la colonia y no regresar nunca más.

Los hombres miembros de la iglesia gobernaban. Se reunían una vez al año para hablar sobre los temas de la colonia. Este grupo se llamó Tribunal General. El Tribunal General elegía al gobernador y al **consejo** del gobernador. Con el tiempo, la colonia se volvió tan grande que cada ciudad tenía que celebrar elecciones para **delegados** para el Tribunal General.

Algunas ciudades también tenían reuniones locales. Solo los hombres miembros de la iglesia eran invitados a participar en ellas. En las reuniones, los hombres hablaban sobre lo que sucedía en la ciudad. Muchas ciudades usaron estas reuniones como forma de **gobernar** a las personas.

Ganar dinero con el agua

Los peregrinos pronto se dieron cuenta de que su nuevo hogar no era bueno para la agricultura. El suelo era rocoso y los inviernos eran largos. Los peregrinos podían cosechar apenas lo suficiente para alimentar a sus propias familias. Por ese motivo, los colonos debieron encontrar otras formas de ganar dinero.

En los primeros años, la mayoría de los colonos vivía en poblados a lo largo del océano. Tenía sentido que estos hombres se convirtieran en constructores de barcos, comerciantes y pescadores. Los bosques **tierra adentro** les proporcionaban los árboles para construir los barcos. Los diferentes animales que vivían en los bosques ayudaron a los comerciantes de pieles a volverse ricos.

Metacomet, también conocido como rey Felipe, era el líder de las tribus de Nueva Inglaterra. ▼

Guerra del rey Felipe

A medida que las colonias crecían, fueron tomando más y más tierra de los indígenas norteamericanos. Finalmente, los indios pelearon para proteger su forma de vida. Todas las tribus de Nueva Inglaterra se unieron para combatir. Para 1678, habían muerto 600 colonos. Más de 3,000 indígenas habían muerto y muchos otros fueron vendidos como esclavos. Los indígenas de Nueva Inglaterra nunca volvieron a ser tan fuertes.

Los **mercaderes** de Nueva Inglaterra comerciaban con los británicos y con otras colonias. Los colonos enviaban pieles, hierro, madera, pescado, tabaco y arroz a Gran Bretaña. Inglaterra enviaba herramientas, armas, muebles, telas, porcelana fina, té y sedas a las colonias.

Los pescadores de los pueblos portuarios proporcionaban pescados a los colonos de la región. Pescaban almejas, ostras, bacalao y fletán. Algunos hombres también cazaban ballenas. La grasa de ballena servía para encender las lámparas de aceite. La piel de las ballenas se usaba para fabricar carteras y bolsas. Los huesos alrededor de la boca de las ballenas se usaban para elaborar peines y los **corsés** de las mujeres.

▲ Pesca de bacalao en Nueva Inglaterra

Joven, inteligente y valiente

Phillis Wheatley fue secuestrada de su hogar en África cuando tenía siete años de edad. La vendieron como esclava en Boston. Era una escritora talentosa. Cuando era adolescente, se publicó su primer poema. Poco después, un libro con sus poemas se vendía en Inglaterra y las colonias.

Todos somos diferentes

Hay una palabra que describe a las colonias centrales: diversidad. Esto significa que las personas que vivían en estas cuatro colonias eran muy diferentes entre sí. En Nueva Inglaterra, la mayoría de los colonos eran puritanos. En las colonias centrales, cada colonia tenía una historia singular.

▲ Colonias centrales: Nueva York, Nueva Jersey, Pensilvania y Delaware

Gran parte de las colonias centrales fueron pobladas originalmente por holandeses y suecos. Nueva York era llamada Nuevos Países Bajos mientras los holandeses la controlaban. La ciudad de Nueva York era llamada Nueva Ámsterdam.

Peter Stuyvesant

▲ Gobernador de los Nuevos Países Bajos

La esclavitud estaba en todas partes

La esclavitud se relaciona generalmente con el Sur. Esto se debe a que se empleó a un gran número de esclavos para plantar cultivos en las tierras del Sur. Sin embargo, también había esclavos en las colonias centrales y del Norte. La mayoría de esos esclavos trabajaban en casas como sirvientes, niñeras o cocineros.

En 1664, el rey Carlos II de Inglaterra decidió que quería tener el control de los Nuevos Países Bajos. Amenazó con empezar una guerra. Los colonos holandeses y suecos renunciaron sin oponer resistencia. El rey le dio la tierra a Jacobo, el duque de York. Era el hermano del rey. Esta tierra se dividió en Nueva York y Nueva Jersey.

William Penn era el dueño de las otras dos colonias centrales, Pensilvania y Delaware. Su historia es tan interesante que vamos a tener que contarla en la página siguiente.

el rey Carlos II

Amigos de un hermano del rey

El duque de York les dio Nueva York y Nueva Jersey a dos de sus amigos. ¡Parece que sabían cómo elegir un amigo!

Los británicos toman los
▼ Nuevos Países Bajos

Los bosques de William Penn

William Penn no era muy popular en Inglaterra. Era miembro de la Sociedad de Amigos. Este era un grupo religioso conocido como los "cuáqueros". Los cuáqueros creían que todos eran iguales. No creían en la guerra ni en las peleas. A los británicos no les agradaban mucho los cuáqueros. Penn se dio cuenta de que debía irse.

Afortunadamente para él, el rey Carlos II le había pedido prestado dinero al padre de Penn. Entonces Penn le pidió al rey que le pagara la **deuda** con tierras en las colonias. En 1681, el rey le dio a Penn una **concesión de tierra** para el área que ahora es Pensilvania.

Documento que describe cómo el rey ▶ le dio Pennsylvania a William Penn

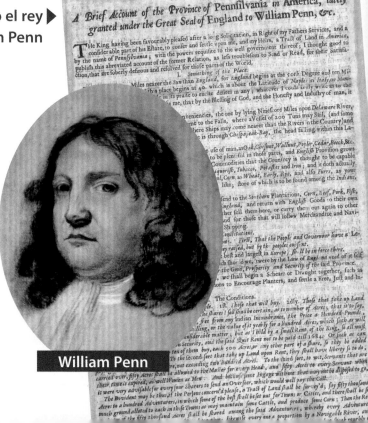

A Brief Account of the Province of Pennsilvania in America, lately granted under the Great Seal of England to William Penn, &c.

William Penn

Primera, última o en medio

En 1682, Penn obtuvo la tierra que ahora es Delaware. Fue una de las últimas colonias en fundarse. Pero en los asuntos verdaderamente importantes, esta pequeña colonia fue la primera. El delegado de Delaware fue el primero en ratificar la Constitución. Esto significa que Delaware se considera el primer estado de Estados Unidos.

En su colonia, Penn quería poder crear sus propias leyes. Los cuáqueros creían en la paz y el amor. En Pensilvania, las personas tenían libertad de culto. Esto significa que no estaban obligadas a pertenecer a una iglesia específica. Los miembros de cualquier religión podían votar u ocupar cargos públicos.

Pensilvania creció hasta convertirse en el centro de América del Norte colonial. Muchos eventos históricos importantes tuvieron lugar en su ciudad capital de Filadelfia, hacia finales del siglo XVIII.

▼ William Penn comercia con los indígenas.

Relaciones con los indígenas

William Penn y los cuáqueros trataron de manera justa a los indígenas de su región. No se apoderaron simplemente de las tierras que querían. Se las compraron a las tribus a precios justos. Penn aceptó un tratado de amistad con el jefe de los indígenas de Delaware. La paz entre las tribus y los colonos duró 70 años.

Colonias "granero"

En lo relacionado con la agricultura, las colonias centrales eran todo lo contrario a las del Norte. Las colonias centrales tenían colinas y tierra rica y fértil. Las personas que se asentaron allí establecieron muchas granjas pequeñas.

Las colonias centrales se llamaron colonias "granero". Los granos abundaban. Las mujeres usaban los granos para hacer pan y dulces. Los colonos **exportaban** trigo, cebada, avena y **ganado** hacia el Sur y hacia las Indias Occidentales británicas.

Los ríos bajaban de los montes Apalaches al océano. Estos ríos hacían que la tierra fuera saludable. También ayudaban a que el comercio fuera muy fácil. Los granjeros que vivían tierra

Las grandes ciudades

Uno pensaría que Boston era la ciudad más grande de las colonias. Sin embargo, para mediados del siglo XVIII, Filadelfia tenía la población más numerosa. La ciudad de Nueva York era la segunda ciudad más grande. Ambas ciudades crecieron debido a la industria del comercio.

▼ Mapa de la ciudad de Nueva York de mediados del siglo XVIII

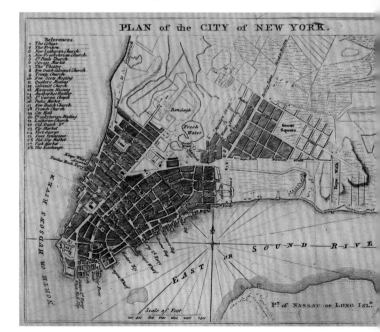

adentro podían enviar sus mercancías por los ríos. Los barcos llevaban las mercancías a las ciudades portuarias de Filadelfia y Nueva York. Allí, los productos podían cargarse en barcos grandes.

Las colonias centrales también se dedicaron a la **manufactura**. La industria del hierro era muy importante. El hierro se usaba para hacer armas, hachas y herramientas.

▲ Granja colonial cerca de Baltimore, Maryland

Control del transporte del comercio

En 1660, Inglaterra decidió controlar el comercio desde y hacia las colonias. Aprobó las actas de navegación. Los colonos no podían usar barcos extranjeros. El tabaco, el azúcar, la madera y las pieles solo podían enviarse a Inglaterra. Los productos de otros países tenían que pasar por Inglaterra antes de llegar a las colonias. Con estas leyes, Inglaterra ganó dinero con el trabajo arduo de los colonos.

▼ Una vista panorámica de Filadelfia en el siglo XVIII

Las primeras y últimas colonias

    Las colonias del Sur se fundaron en 1607. La Compañía de Virginia de Londres decidió enriquecerse. La compañía era propiedad de mercaderes ingleses. Querían ir al Nuevo Mundo y encontrar objetos de valor para comerciar en Europa. El rey Jacobo I le dio a la Compañía de Virginia una carta real para darle tierras. Alrededor de 100 hombres y niños viajaron a Virginia. Llamaron a su nuevo hogar "Jamestown" por el rey.

    Desafortunadamente, el área que eligieron para asentarse era pantanosa. Había montones de mosquitos y las enfermedades se propagaron rápidamente. Los hombres buscaron oro en vez de organizar el asentamiento y plantar cultivos. En 1608, habían muerto tantos hombres que Jamestown estaba en peligro de desaparecer.

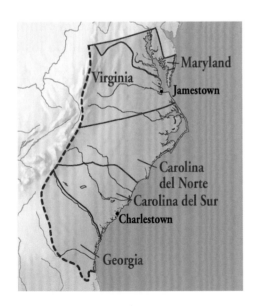

▲ Colonias del Sur: Maryland, Virginia, Carolina del Norte, Carolina del Sur y Georgia

Período de hambruna

Un año después de que John Smith se hiciera cargo de Jamestown, se lesionó y tuvo que regresar a Inglaterra. Los colonos volvieron a dividirse. El período de 1609 a 1610 se llama "el período de hambruna". En la primavera de 1610, solo quedaban vivos 60 hombres de los 500 que habían estado allí.

Un hombre llamado John Smith se convirtió en el líder. Dijo: "Aquel que no trabaje no comerá". Con trabajo arduo, la colonia fue un éxito.

Maryland fue fundada como un **refugio**, o lugar seguro, para los católicos en 1634. Carolina del Norte y del Sur comenzaron como una gran colonia en 1663. Permanecieron como una sola colonia hasta principios del siglo XVIII.

Georgia fue la última colonia en fundarse. En 1732, el rey Jorge II le dio a James Oglethorpe una carta real para otorgarle tierras. Colonizó la tierra. Fue responsable de construir fuertes para proteger a las colonias inglesas de los españoles en Florida.

◄ La fundación de Savannah, Georgia

Ser pobre no es un delito

James Oglethorpe quería que Georgia fuera un buen hogar para la gente pobre. Una vez tuvo un buen amigo que murió en prisión. Lo habían encarcelado por no poder pagar sus deudas. Oglethorpe quería crear una colonia donde todos tuvieran una oportunidad para tener éxito.

Inicios de la vida en el Sur

Los hombres blancos terratenientes dirigían los gobiernos de las colonias del Sur. A partir de 1619, la Casa de los Burgueses se convirtió en el órgano gobernante de Virginia. Los miembros de la Casa de los Burgueses eran **elegidos** por los hombres terratenientes de la colonia. El gobernador y su consejo eran nombrados por la Compañía de Virginia y más adelante por el rey.

El fundador de Maryland, el barón de Baltimore, quería que la colonia tuviera libertad religiosa. Era católico y había sido maltratado en Inglaterra. La colonia tenía una asamblea electa similar a la Casa de los Burgueses de Virginia.

Relaciones con los indígenas

En marzo de 1622, los indígenas powhatanos de Virginia atacaron a colonos ingleses de la región. Una de las indígenas, Pocahontas, se había casado con un hombre blanco llamado John Rolfe. Su matrimonio había ayudado a mantener la paz durante muchos años antes. Pero, para 1622, Pocahontas y su padre habían muerto. El tío de Pocahontas lideró los ataques y casi 350 colonos fueron asesinados. John Rolfe fue uno de los colonos que murió en los ataques.

Barón de Baltimore

En Georgia, el fundador de la colonia intentó controlar a los colonos durante mucho tiempo. Durante 20 años, James Oglethorpe intentó tomar todas las decisiones por las personas de Georgia. Finalmente, el rey británico convirtió esa tierra en colonia real. A partir de entonces, el rey nombraba a un gobernador y a los miembros del consejo.

▲ Este es un salón de escuela colonial en el Norte. En el Sur, los tutores privados eran más comunes.

Escolarización en el Sur

Había muy pocas ciudades en las colonias del Sur. Las personas vivían en granjas que estaban muy alejadas entre sí. Entonces, los tutores privados enseñaban a la mayoría de los niños en sus hogares. Otros niños eran enviados a internados.

Cultivos comerciales y plantaciones

Tabaco, arroz, índigo, maíz y esclavos. Estas palabras describen lo que hizo que las colonias del Sur tuvieran éxito. La tierra del Sur era ideal para la plantación de grandes cultivos. La temporada de cultivo era muy larga. Había muchos ríos que mantenían el suelo húmedo y fértil.

La joven que salvó una colonia

El índigo es un tinte azul que se usaba en uniformes militares y vestimentas en el siglo XVIII. Una adolescente llamada Eliza Lucas vivía en una plantación de Carolina del Sur. Experimentó con la planta de índigo y descubrió la manera de producirlo para comerciarlo con Europa. Su trabajo ayudó a los plantadores coloniales a hacerse muy ricos.

▼ Cultivo de arroz en Georgia

▼ La planta de índigo

El Sur fue famoso por sus grandes plantaciones. Una **plantación** es una granja grande que produce un solo cultivo para obtener **ganancias**. Los cultivos que se producían en las plantaciones se llamaban **cultivos comerciales**. En Virginia, el principal cultivo comercial era el tabaco. El tabaco y el maíz se producían en las Carolinas y Maryland. En Carolina del Sur y Georgia, el arroz era un cultivo **rentable**. A partir de la década de 1740, el **índigo** se convirtió en un cultivo comercial para Carolina del Sur.

La plantación y el cuidado de los cultivos requerían de mucho trabajo. Al principio, los dueños de las plantaciones emplearon **sirvientes por contrato**. Eran hombres y mujeres muy pobres. Pagaban el costo de su viaje desde Inglaterra con el trabajo que realizaban en las colonias. Pero para finales del siglo XVII, los dueños de las plantaciones empleaban el trabajo esclavo de África.

Secado de plantas de tabaco

John Rolfe

John Rolfe es famoso en la actualidad por haberse casado con la princesa indígena Pocahontas. Pero, él tuvo un papel mucho más importante en la Virginia colonial. En 1612, Rolfe encontró una manera de secar las plantas de tabaco. Este método de secado permitió que el cultivo comercial se enviara a Europa.

Esclavitud en América del Norte

El tráfico de esclavos fue un negocio muy rentable. El proceso de llevar un esclavo a las colonias comenzaba en África. Los barcos de las Indias Occidentales británicas y las colonias viajaban a África. Allí, tomaban seres humanos **cautivos**. Estos hombres, mujeres y niños habían sido secuestrados de sus hogares. No hablaban inglés. ¿Puedes imaginarte lo asustados que estaban? No tenían idea de lo que les estaba sucediendo.

Los ponían en los barcos y los llevaban a las colonias. A la mayoría de ellos los llevaron al Sur. Las grandes plantaciones necesitaban trabajadores. Como no había plantaciones en las colonias del Norte y centrales, hubo menos esclavos allí.

El viaje a lo largo del océano Atlántico se llamó la "Travesía Intermedia". Muchos esclavos morían durante el terrible viaje.

¿Cuántos esclavos?

Para la década de 1760, había cerca de 230,000 esclavos en las colonias. De ellos, solo 16,000 estaban en Nueva Inglaterra. Para el siglo XIX, aproximadamente cinco millones de esclavos habían sido tomados de África. Los historiadores creen que el 50 por ciento de estas personas cautivas murieron durante la Travesía Intermedia.

Esclavos llevados a Jamestown ▼

Una vez que llegaban a las colonias, se los vendía como trabajadores de por vida. A pocos esclavos se les concedió la libertad. Muchos menos pudieron comprar su propia libertad. Tomó casi 200 años deshacerse de la esclavitud en América del Norte.

AT 22, USING A BORROWED WATCH AS A MODEL, A POCKET KNIFE AS HIS ONLY TOOL, HE CONSTRUCTED THE FIRST CLOCK MADE IN AMERICA. — IT KEPT ACCURATE TIME FOR OVER 20 YEARS!

BENJAMIN BANNEKER
ASTRONOMER-CITY PLANNER

ON THE ADVICE OF THOMAS JEFFERSON, HE WAS PLACED ON THE COMMISSION WHICH SURVEYED AND LAID OUT THE CITY OF WASHINGTON, D.C.

PLANNING FOR PEACE IN TIME OF WAR WAS ADVOCATED BY BANNEKER IN HIS FAMOUS ALMANAC IN 1793!

Colonos de color famosos

Benjamin Banneker fue un hombre de color libre. Con el tiempo ayudó en la planificación de Washington D. C. Olaudah Equiano escribió un libro sobre sus experiencias como esclavo. Phillis Wheatley fue una esclava que se convirtió en una poetisa colonial famosa.

La esclavitud fue un aspecto muy feo de la vida colonial. Sin embargo, los colonos también nos dejaron muchos **legados** positivos. Lucharon por la libertad de culto. Además, crearon una sociedad en la que las personas podían ganar dinero de muchas formas diferentes. Sus elecciones dieron origen a la forma de vida estadounidense.

Glosario

actas de navegación: leyes creadas por Inglaterra para controlar el comercio desde y hacia las colonias

asentamiento: lugar permanente para que vivan las personas

carta real: un documento del rey que entregaba la tierra a los colonos

cautivos: prisioneros; personas que son retenidas contra su voluntad

concesión de tierra: documento que le da la propiedad a alguien

consejo: un grupo de personas que brinda asesoramiento

corsés: partes de las prendas interiores de las mujeres, armadas con huesos de ballena

cultivos comerciales: cultivos, como el tabaco, el arroz y el algodón que se producían en las plantaciones

delegados: personas elegidas para ir a una reunión y representar a otras personas

deuda: dinero que se le debe a alguien

elegidos: electos por el pueblo mediante votación

exportaban: enviaban mercancías a otros países

fundó: estableció

ganado: animales de granja (vacas, caballos, etc.)

ganancias: dinero ganado

gobernar: guiar o dirigir a las personas

gobierno: las personas y las organizaciones que dirigen un país

índigo: un tinte azul que se usaba en uniformes militares y vestimentas en el siglo XVIII

legados: cosas que se transmiten desde el pasado

manufactura: algo que se hace a mano o máquina

mercaderes: personas que poseen negocios

plantación: granja grande que produce un solo cultivo por dinero

ratificar: hacer oficial

refugio: lugar seguro

rentable: que produce mucho dinero

sirvientes por contrato: personas que eran muy pobres; trabajaban después de llegar a las colonias para pagar sus viajes hasta allí

tierra adentro: alejado del océano